INTELIGENCIA ARTIFICIAL

- NIVEL INTERMEDIO -

 Índice

◼ Capítulo 1: Profundización en Machine Learning

📌 ¿Qué aprenderás en este capítulo?

En este capítulo, vamos a profundizar en los aspectos esenciales del Machine Learning. Si bien en el volumen anterior cubrimos los conceptos básicos, ahora daremos un paso más allá para mejorar el rendimiento de nuestros modelos y asegurarnos de que trabajan con datos bien preparados.

◆ Un repaso rápido de los conceptos fundamentales.

◆ Cómo preprocesar datos para mejorar la precisión de los modelos.

◆ Técnicas de selección de características y reducción de dimensionalidad para hacer modelos más eficientes.

◆ Métodos avanzados para evaluar y comparar modelos de Machine Learning.

1.1. ◼ Repaso Rápido de los Conceptos Básicos

📌 ¿Qué es Machine Learning?

Machine Learning (ML) es una rama de la inteligencia artificial que permite a las computadoras aprender a partir de los datos sin ser programadas explícitamente. Es decir, en lugar de escribir reglas manuales para cada tarea, entrenamos un modelo con ejemplos y dejamos que aprenda los patrones por sí mismo.

◼ **Tipos principales de Machine Learning:**

◼ Aprendizaje Supervisado

- Se entrena con datos etiquetados (entrada + respuesta correcta).

- Ejemplo: Un modelo que clasifica correos como spam o no spam.
- Algoritmos comunes: Regresión Lineal, Árboles de Decisión, Redes Neuronales.

■ Aprendizaje No Supervisado
- No hay etiquetas; el modelo encuentra patrones por sí mismo.
- Ejemplo: Agrupar clientes en diferentes segmentos según su comportamiento de compra.
- Algoritmos comunes: K-Means, DBSCAN, Autoencoders.

■ Aprendizaje por Refuerzo
- Un agente aprende mediante prueba y error para maximizar una recompensa.
- Ejemplo: Un robot que aprende a caminar mejorando cada intento.
- Algoritmos comunes: Q-Learning, Deep Q Networks (DQN), A3C.

Ejemplo real:
Piensa en Netflix. Usa Aprendizaje Supervisado para recomendarte series similares a las que has visto y Aprendizaje No Supervisado para agrupar a los usuarios según sus preferencias.

1.2. ✂ Métodos de Preprocesamiento de Datos

Antes de entrenar un modelo de Machine Learning, es crucial preparar los datos. Datos sucios o mal procesados pueden llevar a predicciones inexactas o modelos que no funcionan bien en la práctica.

📌⬛ Manejo de Valores Faltantes

Los datos reales suelen estar incompletos. Hay varias maneras de tratar valores faltantes:

✔ Eliminar filas o columnas con valores faltantes:

```
import pandas as pd
df = pd.read_csv("datos.csv")
df_clean = df.dropna()  # Elimina filas con valores NaN
```

✔ Rellenar valores con la media, mediana o moda:

```
df["edad"].fillna(df["edad"].mean(),    inplace=True)    #
Rellena con la media
```

💡 Ejercicio: Descarga un dataset con valores faltantes e intenta imputarlos con diferentes métodos.

📌⬛ Normalización y Estandarización

Muchos modelos de Machine Learning son sensibles a la escala de los datos.

✔ Normalización (Min-Max Scaling): Escala valores entre 0 y 1.

```
from sklearn.preprocessing import MinMaxScaler
scaler = MinMaxScaler()
df_scaled = scaler.fit_transform(df)
```

✔ Estandarización (Z-score Scaling): Media 0 y desviación estándar 1.

```
from sklearn.preprocessing import StandardScaler
scaler = StandardScaler()
df_standardized = scaler.fit_transform(df)
```

📌🟥 Codificación de Variables Categóricas

Los modelos de ML solo entienden números. Convertimos variables categóricas en valores numéricos:

✔ One-Hot Encoding:

```
df = pd.get_dummies(df, columns=["ciudad"])
```

✔ Label Encoding:

```
from sklearn.preprocessing import LabelEncoder
le = LabelEncoder()
df["ciudad"] = le.fit_transform(df["ciudad"])
```

💡 Ejercicio: Aplica ambos métodos en un dataset y analiza los resultados.

1.3. 🔍 Selección de Características y Reducción de Dimensionalidad

📌 **¿Por qué es importante?**

Si un dataset tiene demasiadas variables irrelevantes, el modelo puede volverse ineficiente y lento.

📌🟥 **Métodos de Selección de Características**

✔ Filtrado basado en correlación:

```
import seaborn as sns
import matplotlib.pyplot as plt
corr_matrix = df.corr()
sns.heatmap(corr_matrix,                     annot=True,
cmap="coolwarm")
```

✓ Selección basada en modelos:

```
from sklearn.ensemble import RandomForestClassifier
modelo = RandomForestClassifier()
modelo.fit(X, y)
importances = modelo.feature_importances_
```

📌⬛ Reducción de Dimensionalidad con PCA

Si un dataset tiene muchas columnas, PCA (Análisis de Componentes Principales) ayuda a reducirlas manteniendo la mayor parte de la información.

✓ Aplicar PCA en Python:

```
from sklearn.decomposition import PCA
pca = PCA(n_components=2)  # Reducir a 2 dimensiones
X_pca = pca.fit_transform(X)
```

1.4. ⬛ Técnicas Avanzadas de Evaluación de Modelos

📌 **No basta con entrenar un modelo, hay que medir su rendimiento correctamente.**

✓ Validación Cruzada (K-Fold):

```
from sklearn.model_selection import cross_val_score
scores = cross_val_score(modelo, X, y, cv=5)
print("Precisión media:", scores.mean())
```

✓ Matriz de Confusión y Métricas Claves:

```
from sklearn.metrics import confusion_matrix,
classification_report
y_pred = modelo.predict(X_test)
print(confusion_matrix(y_test, y_pred))
print(classification_report(y_test, y_pred))
```

📌 Métricas comunes:
■ Precisión (Accuracy): ¿Cuántas predicciones fueron correctas?
■ Precisión (Precision): ¿Cuántos de los positivos predichos eran correctos?
■ Recall (Sensibilidad): ¿Cuántos positivos fueron detectados correctamente?
■ F1-Score: Balance entre precisión y recall.

📌 **Resumen del Capítulo**
■ Profundizamos en los conceptos esenciales de Machine Learning.
■ Aprendimos cómo preprocesar datos para mejorar los modelos.
■ Exploramos técnicas de selección de características y reducción de dimensionalidad.
■ Aplicamos métodos avanzados de evaluación de modelos.

📌 Ejercicios para Practicar

Ejercicio 1: Preprocesamiento de Datos

📌 Objetivo: Trabajar con un dataset real y aplicar técnicas de limpieza y preprocesamiento.

◆ Instrucciones:

⬛ Descarga un dataset con datos faltantes (puedes usar Titanic Dataset de Kaggle).

⬛ Usa pandas para cargar los datos y analiza qué columnas tienen valores nulos.

⬛ Aplica técnicas de imputación (rellenar con media, mediana o moda).

⬛ Normaliza las variables numéricas usando Min-Max Scaling.

⬛ Codifica las variables categóricas con One-Hot Encoding o Label Encoding.

💡 Pregunta: ¿Cómo cambia la distribución de los datos después de la normalización y codificación?

Ejercicio 2: Selección de Características y PCA

📌 Objetivo: Reducir la dimensionalidad de un dataset para mejorar el rendimiento del modelo.

◆ Instrucciones:

⬛ Usa un dataset con muchas variables (ejemplo: Wine Dataset de Scikit-learn).

⬛ Calcula la matriz de correlación para identificar variables redundantes.

⬛ Aplica Selección de Características con un modelo de Random Forest.

⬛ Reduce la dimensionalidad con PCA y visualiza los datos en 2D.

⬛ Compara el rendimiento del modelo con todas las variables vs. con las seleccionadas.

💡 Pregunta: ¿Cuántos componentes principales necesitas para explicar al menos el 95% de la varianza?

Ejercicio 3: Evaluación de Modelos

📌 Objetivo: Comparar el rendimiento de diferentes modelos de Machine Learning.

◆ Instrucciones:

⬛ Usa el Iris Dataset de Scikit-learn y divídelo en entrenamiento y prueba.

⬛ Entrena tres modelos distintos:

- Regresión Logística
- Random Forest
- Support Vector Machine (SVM)
- ⬛ Evalúa cada modelo con:
- Validación Cruzada (K-Fold)
- Matriz de Confusión
- Precisión, Recall, F1-Score
- ⬛ Crea una tabla comparando los resultados de los modelos.

💡 Pregunta: ¿Cuál modelo tuvo mejor rendimiento y por qué?

Desafío Extra 🚀

📌 Optimización de Modelos: Ajusta los hiperparámetros del mejor modelo con GridSearchCV* y analiza cómo cambia su rendimiento.

```
from sklearn.model_selection import GridSearchCV

param_grid = {'n_estimators': [50, 100, 200], 'max_depth':
[None, 10, 20]}
grid_search =  GridSearchCV(RandomForestClassifier(),
param_grid, cv=5)
grid_search.fit(X_train, y_train)

print("Mejores parámetros:", grid_search.best_params_)
```

*📌 ¿Qué es GridSearchCV?

Cuando entrenamos un modelo de Machine Learning, muchos algoritmos tienen hiperparámetros (configuraciones que no se aprenden automáticamente, como el número de árboles en un Random Forest o el valor de C en una SVM).

◆ ¿Por qué es importante optimizar hiperparámetros?

Elegir buenos hiperparámetros puede mejorar significativamente el rendimiento del modelo. Sin embargo, probar valores manualmente es ineficiente.

◆ ¿Cómo funciona GridSearchCV?

GridSearchCV de Scikit-learn nos permite probar diferentes combinaciones de hiperparámetros y encontrar la mejor automáticamente.

```python
from sklearn.model_selection import GridSearchCV
from sklearn.ensemble import RandomForestClassifier

# Definir los hiperparámetros que queremos probar
param_grid = {
    'n_estimators': [50, 100, 200],  # Número de árboles en
el bosque
    'max_depth': [None, 10, 20]  # Profundidad máxima de
cada árbol
}

# Crear el modelo base
modelo = RandomForestClassifier()

# Aplicar GridSearchCV
grid_search = GridSearchCV(modelo, param_grid, cv=5)
grid_search.fit(X_train, y_train)

# Ver los mejores parámetros encontrados
print("Mejores parámetros:", grid_search.best_params_)
```

Capítulo ■: Modelos Clásicos de Machine Learning

📌 **¿Qué aprenderás en este capítulo?**

■ Cómo funcionan algunos de los modelos clásicos más utilizados en Machine Learning.

■ Aplicaciones prácticas de la Regresión Logística.

■ Uso de Máquinas de Soporte Vectorial (SVM) para clasificación.

■ Métodos de clustering para segmentar datos sin etiquetas.

■ Cómo los modelos de ensamble combinan varios algoritmos para mejorar la precisión.

2.1. ■ Regresión Logística y su Aplicación

📌 **¿Qué es la Regresión Logística?**

Es un algoritmo de clasificación binaria que predice probabilidades y asigna una categoría basada en un umbral (ejemplo: sí/no, spam/no spam).

📌 **Ejemplo práctico**: Clasificar si un email es spam o no basado en características como palabras clave y longitud del mensaje.

■ Fórmula de la Regresión Logística:

$$P(y = 1) = \frac{1}{1 + e^{-(b_0 + b_1 x_1 + b_2 x_2 + \ldots + b_n x_n)}}$$

◆ Salida: Un valor entre 0 y 1 (probabilidad).

◆ Si P ≥ 0.5, se clasifica como 1; si P < 0.5, se clasifica como 0.

■ Implementación en Python con Scikit-learn:

```python
from sklearn.linear_model import LogisticRegression
from sklearn.model_selection import train_test_split
from sklearn.datasets import load_iris

X, y = load_iris(return_X_y=True)  # Cargamos datos de ejemplo
X_train, X_test, y_train, y_test = train_test_split(X, y, test_size=0.2, random_state=42)

modelo = LogisticRegression()
modelo.fit(X_train, y_train)
predicciones = modelo.predict(X_test)

print(predicciones)
```

♟ Ejercicio: Aplica la regresión logística para predecir si un cliente comprará un producto basándose en su edad y salario.

2.2. ■ Máquinas de Soporte Vectorial (SVM)
📌 ¿Qué es SVM?
Es un algoritmo de clasificación que encuentra la mejor línea (o hiperplano en dimensiones superiores) que separa los datos.

📌 Ventajas de SVM:
■ Funciona bien en problemas con datos no lineales.
■ Es eficaz en conjuntos de datos pequeños y medianos.

■ Ejemplo visual:
📌 Imagina que quieres separar puntos rojos y azules. SVM encuentra la línea que maximiza la distancia (margen) entre ambos grupos.

■ Implementación en Python:

```python
from sklearn.svm import SVC

modelo_svm = SVC(kernel='linear')   # Podemos usar otros kernels como 'rbf'
modelo_svm.fit(X_train, y_train)

predicciones_svm = modelo_svm.predict(X_test)
```

🔋 Ejercicio: Usa SVM para clasificar imágenes de dígitos escritos a mano (dataset MNIST).

2.3. 🔍 Algoritmos de Clustering: K-Means y DBSCAN

📌 ¿Qué es el Clustering?
El clustering es una técnica de aprendizaje no supervisado que permite agrupar datos en diferentes categorías sin necesidad de etiquetas previas. En lugar de decirle al modelo qué clase corresponde a cada dato, el algoritmo analiza las similitudes y diferencias dentro del dataset y agrupa los datos de manera autónoma.

🔋 **Ejemplo real:**
- En marketing, se usa para segmentar clientes según sus hábitos de compra.

- En biología, puede ayudar a agrupar especies con características similares.
- En seguridad informática, se usa para detectar anomalías y fraudes.

📌⬛ K-Means: Agrupación Basada en Centroides

Uno de los algoritmos de clustering más utilizados es K-Means, que agrupa datos en K grupos en función de su proximidad a un centroide (punto representativo del cluster).

◆ ¿Cómo funciona?

⬛ Se eligen K centroides iniciales de manera aleatoria.

⬛ Cada punto del dataset se asigna al cluster más cercano.

⬛ Se recalculan los centroides basándose en los nuevos grupos formados.

⬛ Se repiten los pasos hasta que los centroides dejan de moverse.

📌 **Ejemplo: Segmentación de Clientes con K-Means**

```
import numpy as np
import matplotlib.pyplot as plt
from sklearn.cluster import KMeans
from sklearn.datasets import make_blobs

# Generar datos de prueba con 3 clusters
X, _ = make_blobs(n_samples=300, centers=3,
cluster_std=1.0, random_state=42)

# Crear el modelo de K-Means
modelo_kmeans = KMeans(n_clusters=3,
random_state=42)
modelo_kmeans.fit(X)

*continua en la siguiente página...
```

*continuación de la página anterior...

```
# Obtener etiquetas de los clusters
etiquetas = modelo_kmeans.labels_
centroides = modelo_kmeans.cluster_centers_

# Graficar los clusters
plt.scatter(X[:, 0], X[:, 1], c=etiquetas, cmap='viridis',
alpha=0.5)
plt.scatter(centroides[:, 0], centroides[:, 1], c='red',
marker='X', s=200, label="Centroides")
plt.legend()
plt.title("Clusters generados con K-Means")
plt.show()
```

🔔 Ejercicio: Usa K-Means para segmentar clientes de un banco según sus transacciones.

📌⬛ DBSCAN: Clustering Basado en Densidad

DBSCAN (Density-Based Spatial Clustering of Applications with Noise) es una alternativa a K-Means que no requiere especificar el número de clusters y puede detectar valores atípicos.

◆ ¿Cómo funciona?
⬛ Identifica zonas densamente pobladas y las considera un cluster.
⬛ Los puntos cercanos a estos clusters se van añadiendo al grupo.
⬛ Los puntos aislados son marcados como ruido (outliers).

📌 Ejemplo: Detección de Fraudes con DBSCAN

```python
from sklearn.cluster import DBSCAN
import numpy as np

# Datos de ejemplo
X = np.random.rand(300, 2) * 10  # Datos aleatorios en 2D

# Aplicar DBSCAN
modelo_dbscan = DBSCAN(eps=1.5, min_samples=5)
etiquetas_dbscan = modelo_dbscan.fit_predict(X)

# Graficar resultados
plt.scatter(X[:, 0], X[:, 1], c=etiquetas_dbscan, cmap='rainbow', alpha=0.6)
plt.title("Clusters detectados con DBSCAN")
plt.show()
```

📍 Ejercicio: Usa DBSCAN para identificar transacciones sospechosas en un dataset financiero.

2.4. 🌲 Modelos de Ensamble: Random Forest y Gradient Boosting

📌 ¿Qué son los Modelos de Ensamble?
Un modelo de ensamble combina múltiples algoritmos para mejorar la precisión y estabilidad del aprendizaje.

📍 **Ejemplo real:**
- En los concursos de Machine Learning en Kaggle, los modelos más ganadores suelen usar técnicas de ensamble.
- Se aplican en diagnóstico médico, predicción de mercado y detección de fraudes.

📌⬛ Random Forest: Conjunto de Árboles de Decisión

Random Forest es un ensamble de múltiples árboles de decisión. En lugar de depender de un solo árbol, construye varios árboles y promedia sus resultados para obtener una mejor predicción.

📌 **Ejemplo**: Clasificación de Enfermedades con Random Forest

```python
from sklearn.ensemble import RandomForestClassifier
from sklearn.datasets import load_wine
from sklearn.model_selection import train_test_split

# Cargar el dataset
datos = load_wine()
X_train, X_test, y_train, y_test = train_test_split(datos.data, datos.target, test_size=0.2, random_state=42)

# Crear y entrenar el modelo
modelo_rf = RandomForestClassifier(n_estimators=100, random_state=42)
modelo_rf.fit(X_train, y_train)

# Evaluar el modelo
precision = modelo_rf.score(X_test, y_test)
print(f"Precisión del modelo: {precision * 100:.2f}%")
```

👤 Ejercicio: Usa Random Forest para predecir enfermedades en pacientes con un dataset médico.

📌⬛ Gradient Boosting: Mejorando el Modelo Paso a Paso

Gradient Boosting entrena múltiples árboles de decisión secuencialmente, mejorando los errores del anterior en cada iteración.

📌 **Ejemplo**: Clasificación con XGBoost

```
from xgboost import XGBClassifier

# Crear y entrenar el modelo
modelo_xgb = XGBClassifier()
modelo_xgb.fit(X_train, y_train)

# Evaluar el modelo
predicciones_xgb = modelo_xgb.predict(X_test)
```

💡 Ejercicio: Compara el rendimiento de Random Forest vs. XGBoost en un dataset real.

📌 RESUMEN DEL CAPÍTULO

⬛ Aprendimos sobre Regresión Logística y cómo clasifica datos binarios.

⬛ Exploramos SVM para encontrar hiperplanos óptimos de clasificación.

⬛ Vimos K-Means y DBSCAN para agrupar datos sin etiquetas.

⬛ Descubrimos modelos de ensamble como Random Forest y Gradient Boosting.

📌 Ejercicios para Practicar

Ejercicio 1: Comparando K-Means y DBSCAN

📌 Objetivo: Aplicar ambos métodos de clustering en el mismo dataset y comparar los resultados.

◆ Instrucciones:
■ Usa un dataset con puntos en grupos bien definidos.
■ Aplica K-Means y DBSCAN al dataset.
■ Grafica los clusters obtenidos con cada método.
■ Analiza qué algoritmo funciona mejor y por qué.

Ejercicio 2: Optimización de Modelos de Ensamble

📌 Objetivo: Ajustar los hiperparámetros de Random Forest para mejorar su precisión.

◆ Instrucciones:
■ Usa un dataset de clasificación.
■ Entrena un Random Forest con 100 árboles.
■ Ajusta parámetros como max_depth, n_estimators y min_samples_split.
■ Evalúa la mejora en la precisión del modelo.

◼ Capítulo 3: Redes Neuronales Avanzadas

En este capítulo, profundizaremos en el funcionamiento de las redes neuronales, abordando modelos avanzados utilizados en la visión por computadora, el procesamiento de datos secuenciales y la reutilización de modelos preentrenados mediante Transfer Learning.

📌 **¿Qué aprenderás en este capítulo?**

◆ Cómo funciona una red neuronal por dentro y sus componentes clave.

◆ Cómo usar Redes Neuronales Convolucionales (CNNs) para imágenes.

◆ Aplicación de Redes Recurrentes (RNNs) y LSTMs para datos secuenciales.

◆ Cómo aprovechar Transfer Learning con modelos preentrenados.

3.1. ⬤ Funcionamiento Interno de una Red Neuronal

📌 **¿Cómo funciona una red neuronal?**

Las redes neuronales están inspiradas en el cerebro humano y consisten en neuronas artificiales organizadas en capas. Cada neurona realiza cálculos matemáticos y transmite información a las siguientes capas.

◼ **Componentes principales de una red neuronal:**

◼ Neuronas artificiales: Elementos básicos que procesan la información.

◼ Pesos y sesgos: Factores que determinan la importancia de cada entrada.

■ Funciones de activación: Deciden si una neurona debe activarse.

■ Capas de la red: Entrada, ocultas y salida.

📌 **Ejemplo práctico: Creación de una red neuronal simple en Keras**

```
from tensorflow.keras.models import Sequential
from tensorflow.keras.layers import Dense

# Definir el modelo secuencial
modelo = Sequential([
    Dense(10, activation='relu', input_shape=(5,)),  # Capa
oculta
    Dense(1, activation='sigmoid')  # Capa de salida
])

# Compilar el modelo
modelo.compile(optimizer='adam',
loss='binary_crossentropy', metrics=['accuracy'])

# Resumen del modelo
modelo.summary()
```

🔑 **Ejercicio**: Crea una red neuronal que prediga si un cliente comprará un producto basándose en su edad y salario.

3.2. ■ Redes Convolucionales (CNNs) para Visión por Computadora

📌 ¿Qué es una CNN?

Las Redes Neuronales Convolucionales (CNNs) son modelos diseñados para procesar imágenes.

A diferencia de una red neuronal densa, que analiza cada píxel individualmente, una CNN extrae características visuales como bordes, texturas y formas.

■ **Principales componentes de una CNN:**
■ Capas convolucionales: Detectan patrones visuales en diferentes escalas.
■ Capas de pooling: Reducen la dimensionalidad para mejorar la eficiencia.
■ Capas densas: Procesan la información extraída y generan la predicción final.
📌 **Ejemplo práctico: Creación de una CNN en Keras**

```
from tensorflow.keras.models import Sequential
from tensorflow.keras.layers import Conv2D,
MaxPooling2D, Flatten, Dense

modelo_cnn = Sequential([
    Conv2D(32, (3,3), activation='relu', input_shape=
(28,28,1)),
   MaxPooling2D((2,2)),
   Flatten(),
   Dense(128, activation='relu'),
    Dense(10, activation='softmax')  # 10 clases para
clasificación
])

modelo_cnn.compile(optimizer='adam',
loss='sparse_categorical_crossentropy',          metrics=
['accuracy'])

modelo_cnn.summary()
```

💡 Ejercicio: Usa una CNN para clasificar imágenes de ropa del dataset Fashion MNIST.

3.3. ⧗ Redes Recurrentes (RNNs) y LSTM para Datos Secuenciales

📌 ¿Qué son las RNNs?

Las Redes Neuronales Recurrentes (RNNs) se utilizan para analizar secuencias de datos, como textos, series de tiempo y audio. A diferencia de una red neuronal estándar, una RNN tiene memoria, lo que le permite recordar información de pasos anteriores.

⬛ Problema de las RNNs tradicionales:

- Tienen dificultades para recordar información a largo plazo.
- Esto se conoce como el problema del desvanecimiento del gradiente.

📌 Solución: LSTM (Long Short-Term Memory)

Las LSTM son un tipo especial de RNN que pueden almacenar información relevante durante más tiempo. Son ampliamente utilizadas en tareas como:

⬛ Traducción automática (Google Translate).
⬛ Reconocimiento de voz (Siri, Alexa).
⬛ Análisis de sentimientos (detectar emociones en textos).

🔎 **Ejercicio**: Usa una LSTM para predecir la temperatura de los próximos días basándote en datos históricos.

📌 Ejemplo práctico: Creación de una RNN con LSTM en Keras

```python
from tensorflow.keras.models import Sequential
from tensorflow.keras.layers import LSTM, Dense

modelo_lstm = Sequential([
    LSTM(50, return_sequences=True, input_shape=(10, 1)),
    LSTM(50),
    Dense(1, activation='sigmoid')
])

modelo_lstm.compile(optimizer='adam',
loss='binary_crossentropy', metrics=['accuracy'])

modelo_lstm.summary()
```

3.4. 📥 Transfer Learning: Usar Modelos Preentrenados

📌 **¿Qué es Transfer Learning?**
El Transfer Learning permite utilizar modelos preentrenados que han sido entrenados en grandes datasets (como ImageNet) y ajustarlos a un problema específico.

◼ **Ventajas de Transfer Learning:**
◼ Requiere menos datos de entrenamiento.
◼ Reduce el tiempo de cómputo.
◼ Mejora la precisión con modelos robustos.

📌 Ejemplo práctico: Usar ResNet50 para clasificar imágenes

```python
from tensorflow.keras.applications import ResNet50
from tensorflow.keras.models import Model
from tensorflow.keras.layers import Dense, Flatten

# Cargar modelo preentrenado sin la capa de salida
original
modelo_base        =        ResNet50(weights='imagenet',
include_top=False, input_shape=(224,224,3))

# Agregar nuevas capas de clasificación
modelo_transfer = Flatten()(modelo_base.output)
modelo_transfer   =   Dense(10,   activation='softmax')
(modelo_transfer)

# Definir el modelo final
modelo_final     =     Model(inputs=modelo_base.input,
outputs=modelo_transfer)

modelo_final.compile(optimizer='adam',
loss='categorical_crossentropy', metrics=['accuracy'])

modelo_final.summary()
```

🎯 **Ejercicio**: Usa Transfer Learning con MobileNet para clasificar imágenes de perros y gatos.

📌 Ejercicios para Practicar

Ejercicio 1: Construcción de una CNN desde Cero
📌 Objetivo: Implementar una CNN y probar su rendimiento en un dataset real.

◆ Instrucciones:

⬛ Descarga el dataset CIFAR-10 de Keras.

⬛ Implementa una CNN con al menos 3 capas convolucionales.

⬛ Entrena el modelo y evalúa su precisión.

Ejercicio 2: Comparación de LSTM vs RNN Tradicional
📌 Objetivo: Verificar si las LSTM realmente mejoran el rendimiento sobre las RNN estándar.

◆ Instrucciones:

⬛ Usa un dataset de series temporales.

⬛ Entrena una RNN tradicional y una LSTM con los mismos datos.

⬛ Compara las métricas de error de ambos modelos.

Ejercicio 3: Transfer Learning con Distintos Modelos
📌 Objetivo: Comparar modelos preentrenados como ResNet, VGG16 y MobileNet en un mismo dataset.

◆ Instrucciones:

⬛ Usa el dataset Cats vs. Dogs de TensorFlow.

⬛ Aplica Transfer Learning con distintos modelos.

⬛ Evalúa cuál modelo ofrece mejor precisión.

◼ Capítulo 4: Procesamiento de Lenguaje Natural (NLP)

En este capítulo, aprenderemos sobre el Procesamiento de Lenguaje Natural (NLP), una rama de la inteligencia artificial que permite a las máquinas entender, interpretar y generar texto.

📌 **¿Qué aprenderás en este capítulo?**

◆ Cómo preprocesar texto con técnicas como tokenización, stemming y lematización.

◆ Cómo representar palabras mediante Word Embeddings como Word2Vec y GloVe.

◆ Cómo funcionan los Transformers y BERT, revolucionando el NLP.

◆ Aplicaciones prácticas, incluyendo análisis de sentimientos en redes sociales.

4.1. ◼ Tokenización, Stemming y Lematización

📌 **¿Por qué necesitamos preprocesar el texto?**

El lenguaje humano es complejo e inconsistente. Para que un modelo de IA pueda trabajar con texto, primero debemos convertir las palabras en una representación que la computadora entienda.

◼ **Pasos clave en el preprocesamiento:**

◼ Tokenización: Dividir un texto en palabras o frases individuales.

◼ Stemming: Reducir una palabra a su raíz sin tener en cuenta la gramática.

◼ Lematización: Transformar una palabra en su forma base teniendo en cuenta el contexto gramatical.

📌 Ejemplo práctico en Python

```
import nltk
from nltk.tokenize import word_tokenize
from      nltk.stem      import      PorterStemmer,
WordNetLemmatizer
nltk.download('punkt')
nltk.download('wordnet')

texto = "Los gatos juegan en el jardín mientras el perro
dormía."
tokens = word_tokenize(texto)

# Aplicar Stemming
stemmer = PorterStemmer()
stems = [stemmer.stem(palabra) for palabra in tokens]

# Aplicar Lematización
lemmatizer = WordNetLemmatizer()
lemmas = [lemmatizer.lemmatize(palabra) for palabra in
tokens]

print("Palabras Originales:", tokens)
print("Stemming:", stems)
print("Lematización:", lemmas)
```

💡 Ejercicio: Tokeniza y aplica stemming/lematización en un párrafo de Wikipedia y analiza los resultados.

4.2. ■ Modelos de Lenguaje: Word2Vec y Word Embeddings

📌 ¿Cómo representar palabras en IA?

Los modelos de Machine Learning no pueden procesar palabras directamente. Necesitamos convertirlas en números mediante Word Embeddings, que capturan el significado de las palabras en un espacio matemático.

📌 Ejemplo: Word2Vec en Python

```python
from gensim.models import Word2Vec
from nltk.tokenize import sent_tokenize, word_tokenize

# Texto de entrenamiento
texto = "El gato juega en el jardín. El perro ladra a la luna."
tokens = [word_tokenize(oracion.lower()) for oracion in sent_tokenize(texto)]

# Entrenar modelo Word2Vec
modelo = Word2Vec(tokens, vector_size=100, window=5, min_count=1, workers=4)

# Obtener palabras más similares a "gato"
print(modelo.wv.most_similar("gato"))
```

💡 Ejercicio: Usa Word2Vec en un corpus grande de texto (ej. noticias) y analiza las relaciones entre palabras.

4.3. 🐘 Transformers y BERT: La Revolución en NLP

📌 **¿Qué son los Transformers?**

Los Transformers son modelos de IA avanzados que han revolucionado el NLP, permitiendo tareas como traducción automática, chatbots y generación de texto.

⬛ **Ejemplo de modelos Transformers populares:**

⬛ BERT: Optimizado para entender el significado del contexto en ambas direcciones.

⬛ GPT: Genera texto coherente y natural.

⬛ T5: Especializado en tareas de NLP como traducción y resumen de texto.

📌 **Ejemplo práctico: Usar BERT en Python con Hugging Face**

```python
from transformers import pipeline

# Cargar modelo preentrenado para análisis de sentimientos
analizador = pipeline("sentiment-analysis")

# Analizar una frase
resultado = analizador("Me encantó la película, fue increíble.")
print(resultado)
```

🔦 Ejercicio: Usa un modelo Transformer para resumir noticias automáticamente.

4.4. ■ Proyecto: Análisis de Sentimientos en Redes Sociales

📌 **Objetivo**: Construir un modelo de IA que analice tweets y determine si tienen un sentimiento positivo, negativo o neutro.

📌 **Pasos del Proyecto**

■ Paso 1: Recolectar datos de Twitter (o usar un dataset preexistente).

■ Paso 2: Preprocesar el texto eliminando emojis, signos de puntuación y palabras irrelevantes.

■ Paso 3: Entrenar un modelo de Machine Learning o usar BERT para analizar sentimientos.

📌 **Ejemplo en Python con Scikit-learn**

```python
from sklearn.feature_extraction.text import CountVectorizer
from sklearn.model_selection import train_test_split
from sklearn.naive_bayes import MultinomialNB
import pandas as pd

# Dataset de ejemplo (se puede reemplazar con datos reales)
data = {"tweet": ["Me encanta este producto", "Odio esta película", "Es un día normal"],
    "sentimiento": [1, 0, 2]}

df = pd.DataFrame(data)
```

*continuación en la siguiente página...

```
*continuación del código...

# Convertir texto en vectores numéricos
vectorizer = CountVectorizer()
X = vectorizer.fit_transform(df["tweet"])
y = df["sentimiento"]

# Dividir datos en entrenamiento y prueba
X_train, X_test, y_train, y_test = train_test_split(X, y,
test_size=0.2, random_state=42)

# Entrenar un modelo de clasificación
modelo = MultinomialNB()
modelo.fit(X_train, y_train)

# Evaluar modelo
print("Precisión del modelo:", modelo.score(X_test,
y_test))
```

💡 Ejercicio: Usa un dataset real de tweets y compara el rendimiento de Naive Bayes vs. BERT en análisis de sentimientos.

📌 Resumen del Capítulo
⬛ Aprendimos cómo preprocesar texto con tokenización, stemming y lematización.
⬛ Exploramos modelos de lenguaje como Word2Vec y Word Embeddings.
⬛ Estudiamos cómo los Transformers y BERT han revolucionado el NLP.
⬛ Desarrollamos un proyecto de análisis de sentimientos en redes sociales.

📌 Ejercicios para Practicar

Ejercicio 1: Procesamiento de Texto con NLP
📌 Objetivo: Tokenizar, aplicar stemming y lematización en un conjunto de reseñas de productos.

◆ Instrucciones:

⬛ Descarga un dataset de comentarios de productos (ej. Amazon Reviews).

⬛ Tokeniza el texto y aplica stemming y lematización.

⬛ Analiza cómo cambian las palabras después de cada proceso.

Ejercicio 2: Comparación de Word Embeddings
📌 Objetivo: Evaluar diferentes métodos de representación de palabras.

◆ Instrucciones:

⬛ Usa un dataset de noticias o artículos.

⬛ Entrena modelos Word2Vec y GloVe y compara los vectores de palabras.

⬛ Visualiza los embeddings en un gráfico 2D.

Ejercicio 3: Análisis de Sentimientos con Modelos Avanzados
📌 Objetivo: Comparar el rendimiento de modelos simples vs. Transformers.

◆ Instrucciones:

⬛ Usa un dataset de comentarios de redes sociales.

⬛ Entrena un modelo Naive Bayes para análisis de sentimientos.

⬛ Usa BERT para la misma tarea y compara los resultados.

◼ Capítulo 5: Implementación de Modelos de IA

Desarrollar un modelo de IA no es suficiente. Para que sea útil en el mundo real, es fundamental optimizar su rendimiento, aprovechar GPUs y TPUs para entrenamientos más rápidos y, finalmente, desplegarlo en la nube para que pueda ser utilizado por otras aplicaciones y usuarios.

En este capítulo aprenderemos cómo hacer que nuestros modelos sean más eficientes y accesibles, culminando en un proyecto final donde desplegaremos un modelo como una API REST.

5.1. 🚀 Cómo Optimizar Modelos para Mejor Rendimiento

📌 ¿Por qué es importante la optimización?

Un modelo de IA bien optimizado puede marcar la diferencia entre un sistema eficiente y uno que consume demasiados recursos sin mejorar los resultados. La optimización es crucial porque:

◼ Reduce el tiempo de entrenamiento.
◼ Evita el sobreajuste, permitiendo que el modelo generalice mejor.
◼ Mejora la precisión sin necesidad de más datos.

📌 Principales Técnicas de Optimización

◼ Regularización (L1 y L2)

L1 (Lasso Regression): Fuerza a que algunos pesos sean exactamente 0, eliminando características poco relevantes.

L2 (Ridge Regression): Reduce el tamaño de los pesos, evitando que dominen en el entrenamiento.

◼ Batch Normalization
Se usa para normalizar los valores de cada capa de la red neuronal, ayudando a estabilizar el entrenamiento y permitiendo usar tasas de aprendizaje más altas.

◼ Ajuste de Hiperparámetros
Usamos técnicas como Grid Search y Bayesian Optimization para encontrar la mejor combinación de parámetros sin probar manualmente todas las opciones.

◼ Early Stopping
Detiene el entrenamiento cuando el modelo deja de mejorar, evitando cálculos innecesarios y sobreajuste.

📌 **Ejemplo: Ajuste de hiperparámetros con Grid Search**

```
from sklearn.model_selection import GridSearchCV
from sklearn.ensemble import RandomForestClassifier

# Definir los hiperparámetros a probar
param_grid = {
   'n_estimators': [100, 200],
   'max_depth': [5, 10]
}

# Aplicar Grid Search
modelo    =    GridSearchCV(RandomForestClassifier(),
param_grid, cv=5)
modelo.fit(X_train, y_train)

print("Mejores parámetros:", modelo.best_params_)
```

💡 Ejercicio: Usa Grid Search* para optimizar un modelo de regresión que prediga precios de casas.

*📌 ¿Qué es Grid Search?

Cuando entrenamos un modelo de Machine Learning, hay ciertos valores llamados hiperparámetros (como la cantidad de árboles en un Random Forest o la profundidad de una red neuronal) que afectan su rendimiento.

En lugar de probar valores manualmente, podemos usar Grid Search, una técnica que prueba automáticamente diferentes combinaciones de hiperparámetros y nos dice cuál funciona mejor.

📌 Ejemplo de cómo funciona Grid Search

```python
from sklearn.model_selection import GridSearchCV
from sklearn.ensemble import RandomForestRegressor
from sklearn.datasets import load_boston
from sklearn.model_selection import train_test_split

# Cargar datos
boston = load_boston()
X_train,      X_test,      y_train,      y_test      =
train_test_split(boston.data, boston.target, test_size=0.2,
random_state=42)

# Definir el modelo y los hiperparámetros a probar
param_grid = {
    'n_estimators': [100, 200, 300],
    'max_depth': [5, 10, 15]
}

modelo    =    GridSearchCV(RandomForestRegressor(),
param_grid, cv=5)
modelo.fit(X_train, y_train)

print("Mejores parámetros:", modelo.best_params_)
```

5.2. ⬛ Uso de GPUs y TPUs para Acelerar Entrenamientos

📌 ¿Por qué usar GPUs y TPUs?

Las CPUs son buenas para tareas generales, pero los modelos de IA trabajan con cálculos matriciales complejos que pueden beneficiarse de hardware especializado como GPUs y TPUs.

⬛ Comparación entre CPU, GPU y TPU

Hardware	Ventajas	Uso principal
CPU	Barata, versátil	Procesamiento general
GPU	Muy rápida en paralelización	Machine Learning, Visión Artificial
TPU	Optimizada para TensorFlow	Modelos de IA en la nube

📌 Cómo utilizar una GPU en TensorFlow

Podemos verificar si nuestro entorno tiene una GPU disponible con el siguiente código:

```
import tensorflow as tf
print("¿GPU disponible?",
tf.config.list_physical_devices('GPU'))
```

Si estás trabajando en **Google Colab,** puedes activar una GPU en:

Entorno de ejecución > Cambiar tipo de entorno > Acelerador de hardware: GPU

📌 Ejercicio: Usa Google Colab para entrenar una CNN con GPU y compara el tiempo de entrenamiento con el de una CPU.

*📌 ¿Por qué es importante la aceleración por GPU?

Los modelos de Machine Learning suelen procesar grandes volúmenes de datos.

Las GPUs pueden acelerar estos cálculos al procesar miles de operaciones en paralelo, mientras que una CPU trabaja de forma más secuencial.

📌 ¿Cómo comprobar si tenemos una GPU disponible?

En Google Colab podemos activar una GPU en:

Entorno de ejecución > Cambiar tipo de entorno > Acelerador de hardware: GPU

📌 **Ejemplo**: Comparar CPU vs GPU en TensorFlow

```
import tensorflow as tf
import time

# Verificar si hay una GPU disponible
print("¿GPU                              disponible?",
tf.config.list_physical_devices('GPU'))

# Crear un modelo simple de red neuronal
modelo = tf.keras.models.Sequential([
        tf.keras.layers.Dense(128,    activation='relu',
input_shape=(100,)),
    tf.keras.layers.Dense(64, activation='relu'),
    tf.keras.layers.Dense(10, activation='softmax')
])

*continua en la siguiente página...
```

*continuación de código...

```
modelo.compile(optimizer='adam',
loss='categorical_crossentropy')

# Generar datos de prueba
import numpy as np
X = np.random.rand(10000, 100)
y = np.random.randint(0, 10, 10000)

# Medir tiempo de entrenamiento en CPU
start_time = time.time()
modelo.fit(X, y, epochs=5, batch_size=32, verbose=0)
cpu_time = time.time() - start_time

print(f"Tiempo de entrenamiento en CPU: {cpu_time:.2f}
segundos")
```

🔋 Instrucciones del ejercicio:
⬛ Usa Google Colab y activa una GPU.
⬛ Ejecuta el código primero en CPU y luego en GPU.
⬛ Compara el tiempo de entrenamiento en ambos casos. ¿Cuál es más rápido?

5.3. 🌐 Desplegar Modelos en la Nube (Google Cloud, AWS, Hugging Face)

📌 **¿Por qué desplegar modelos en la nube?**

Una vez que tenemos un modelo entrenado, queremos que otros usuarios o aplicaciones puedan acceder a él sin necesidad de ejecutarlo en sus propias computadoras. Para ello, podemos hospedarlo en la nube y permitir consultas remotas.

⬛ **Opciones populares para desplegar modelos:**

⬛ Google Cloud AI Platform – Integración directa con TensorFlow y herramientas de escalado.

⬛ AWS SageMaker – Permite entrenar y desplegar modelos en entornos seguros.

⬛ Hugging Face Spaces – Ideal para modelos de NLP y despliegue rápido.

📌 **Ejemplo: Subir un modelo a Hugging Face**

```
from huggingface_hub import notebook_login
notebook_login()  # Conectarse a Hugging Face

# Subir modelo
from transformers import AutoModelForSequenceClassification, AutoTokenizer

modelo = AutoModelForSequenceClassification.from_pretrained("mi_modelo")
modelo.push_to_hub("mi_nombre/mi_modelo")
```

📍 Ejercicio: Despliega un modelo de clasificación de imágenes en Hugging Face Spaces.

*📌 ¿Por qué desplegar modelos en la nube?
Una vez que entrenamos un modelo, queremos que otros puedan usarlo sin necesidad de ejecutarlo en su propia computadora.

Para esto, podemos hospedar el modelo en la nube y permitir consultas a través de una API.

📌 **Ejemplo**: Subir un modelo a Hugging Face

```
from huggingface_hub import notebook_login
notebook_login()  # Conectarse a Hugging Face

# Subir modelo de ejemplo
from                    transformers               import
AutoModelForSequenceClassification

modelo                                                    =
AutoModelForSequenceClassification.from_pretrained("
distilbert-base-uncased")
modelo.push_to_hub("mi_usuario/mi_modelo_nlp")
```

📍 Instrucciones del ejercicio:
⬛ Entrena un modelo simple de análisis de sentimientos usando un dataset de comentarios.
⬛ Sube el modelo a Hugging Face usando .push_to_hub().
⬛ Comparte el enlace del modelo con otros para que puedan probarlo.

5.4. 📍 Proyecto: Aplicación de IA con API REST
📌 Objetivo del Proyecto
Desplegar un modelo de clasificación de texto como una API REST, permitiendo que cualquier usuario pueda enviar un texto y recibir una predicción en respuesta.

📌 Pasos del Proyecto:
■ Entrenar un modelo de NLP para clasificación de texto.
■ Crear una API REST con FastAPI o Flask.
■ Hospedar la API en Google Cloud o AWS.

📌 Ejemplo: Crear una API REST con FastAPI

```python
from fastapi import FastAPI
import joblib

# Cargar el modelo previamente entrenado
modelo = joblib.load("modelo.pkl")
app = FastAPI()

@app.post("/predecir/")
def predecir(texto: str):
    prediccion = modelo.predict([texto])
    return {"predicción": prediccion[0]}
```

🔋 Ejercicio: Crea una API REST que reciba un texto y devuelva su análisis de sentimiento (positivo, negativo o neutro).

*📌 ¿Por qué crear una API?

En lugar de ejecutar el modelo de forma local, podemos convertirlo en un servicio web al que otros puedan acceder enviando datos y recibiendo predicciones.

📌 Ejemplo: API con FastAPI para Clasificación de Texto

```python
from fastapi import FastAPI
import joblib

# Cargar el modelo previamente entrenado
modelo = joblib.load("modelo_texto.pkl")
app = FastAPI()

@app.post("/predecir/")
def predecir(texto: str):
    prediccion = modelo.predict([texto])
    return {"predicción": prediccion[0]}
```

👤 Instrucciones del ejercicio:

⬛ Crea un modelo que clasifique texto (ejemplo: spam vs. no spam).

⬛ Guarda el modelo en un archivo .pkl con joblib.dump(modelo, "modelo.pkl").

⬛ Usa FastAPI para exponer el modelo como una API REST.

⬛ Prueba la API enviando un texto y verificando la respuesta del modelo.

📌 Resumen del Capítulo

⬛ Aprendimos a optimizar modelos con técnicas como Regularización, Batch Normalization y Grid Search.

⬛ Exploramos el uso de GPUs y TPUs para acelerar entrenamientos.

⬛ Descubrimos cómo desplegar modelos en la nube para hacerlos accesibles.

⬛ Construimos una API REST para exponer modelos de IA al mundo.

📌 Ejercicios para Practicar

Ejercicio 1: Optimización de Modelos

📌 Objetivo: Ajustar los hiperparámetros de un modelo para mejorar su precisión.

◆ Instrucciones:

⬛ Usa el dataset Boston Housing para predecir precios de casas.

⬛ Aplica Grid Search o Randomized Search para encontrar los mejores hiperparámetros.

⬛ Compara el rendimiento del modelo antes y después de la optimización.

Ejercicio 2: Comparación de CPU vs GPU

📌 Objetivo: Evaluar la diferencia de rendimiento al entrenar un modelo en CPU y GPU.

◆ Instrucciones:

⬛ Usa un dataset de imágenes (Fashion MNIST o CIFAR-10).

⬛ Entrena una CNN primero en CPU y luego en GPU.

⬛ Mide el tiempo de entrenamiento en ambos casos y analiza la diferencia.

Ejercicio 3: Desplegar un Modelo en la Nube

📌 Objetivo: Subir un modelo entrenado a Hugging Face o Google Cloud.

◆ Instrucciones:

⬛ Usa un modelo de NLP entrenado para análisis de sentimientos.

⬛ Sube el modelo a Hugging Face usando modelo.push_to_hub().

⬛ Comparte el enlace del modelo con otros usuarios para que puedan probarlo.

■ Capítulo 6: IA Responsable y Ética Avanzada

A medida que la inteligencia artificial se vuelve más poderosa y omnipresente, surge una pregunta fundamental: ¿Cómo podemos asegurarnos de que la IA sea justa, segura y beneficiosa para la sociedad?

En este capítulo exploraremos la importancia de la explicabilidad, los riesgos de seguridad, los aspectos éticos y legales de la IA, y su impacto en el futuro de la industria.

6.1. ● Explicabilidad en IA: Modelos Interpretables

📌 ¿Por qué es importante la explicabilidad en IA?

Muchos de los modelos de IA actuales son extremadamente complejos. Modelos como redes neuronales profundas pueden contener millones de parámetros y tomar decisiones que parecen acertadas, pero cuya lógica es incomprensible para los humanos.

Esto crea el problema de las "cajas negras", donde incluso los propios desarrolladores no pueden explicar por qué un modelo tomó una decisión específica.

🔑 Ejemplo real:

Imagina un sistema de IA que aprueba o rechaza préstamos bancarios. Si un cliente recibe una negativa, es justo que pueda preguntar "¿por qué?". Un sistema sin explicabilidad no podrá justificar su decisión, lo que puede generar desconfianza y posibles discriminaciones.

■ Beneficios de los modelos interpretables:

■ Mayor confianza: Los usuarios y reguladores confiarán más en la IA si pueden entender cómo toma sus decisiones.

■ Detección de sesgos: Si un modelo muestra patrones injustos, podemos detectarlos y corregirlos.

■ Cumplimiento de regulaciones: En sectores como la salud o las finanzas, la ley exige que las decisiones automatizadas sean explicables.

📌 Métodos para hacer modelos explicables

◆ LIME (Local Interpretable Model-agnostic Explanations):
Genera versiones simplificadas del modelo en regiones específicas de los datos.
Útil para entender por qué el modelo predice un caso individual de cierta manera.

◆ SHAP (SHapley Additive Explanations):
Calcula cuánto contribuye cada característica a la predicción final.

Se basa en teoría de juegos y permite visualizar qué variables son más importantes en la decisión del modelo.

📌 Ejemplo: Explicando predicciones con SHAP

```
import shap
import xgboost
import pandas as pd

# Cargar datos de ejemplo
X_train = pd.read_csv("datos_entrenamiento.csv")
y_train = X_train.pop("target")
```

*continúa en la siguiente página...

```
*...continuación...

# Entrenar un modelo XGBoost
modelo = xgboost.XGBClassifier().fit(X_train, y_train)

# Explicar predicciones con SHAP
explainer = shap.Explainer(modelo)
shap_values = explainer(X_train)

# Visualizar el impacto de las características en la
predicción
shap.summary_plot(shap_values, X_train)
```

💡 Ejercicio: Usa SHAP para analizar la importancia de las características en un modelo de predicción de fraude bancario.

6.2. 🔐 Seguridad en Modelos de IA

📌 ¿Por qué la IA es vulnerable a ataques?
La IA no solo puede cometer errores, sino que también puede ser manipulada de manera intencionada. Existen ataques diseñados para engañar modelos y hacer que generen predicciones incorrectas.

⬛ Principales amenazas a la seguridad en IA:
⬛ Ataques adversariales:
- Un pequeño cambio en los datos de entrada puede llevar a una predicción incorrecta.
- 📌 Ejemplo real: Se han diseñado imágenes que, con ligeros cambios en algunos píxeles, pueden hacer que un modelo de visión confunda un STOP con un límite de velocidad.

■ Sesgos en los datos:
- Si un modelo es entrenado con datos discriminatorios, replicará esos sesgos.
- 📌 Ejemplo real: Un sistema de contratación que prefiera hombres sobre mujeres por sesgos en datos históricos.

■ Privacidad y filtración de datos:
- Algunos modelos pueden memorizar datos sensibles y revelar información privada sin intención.
- 📌 Ejemplo real: Se ha demostrado que modelos de lenguaje pueden "recordar" datos de entrenamiento y exponer números de tarjetas de crédito o correos electrónicos.

📌 **Ejemplo de ataque adversarial en imágenes**

```
import foolbox
ataque = foolbox.attacks.FGSM()
imagen_adversarial  =  ataque(modelo,  imagen,
etiqueta_real)
```

💡 Ejercicio: Investiga cómo proteger modelos contra ataques adversariales en visión por computadora.

6.3. ⚖️ Aspectos Éticos y Legales de la IA

📌 **¿Por qué la ética es clave en el desarrollo de IA?**
La IA está transformando nuestra sociedad, pero sin regulaciones adecuadas, puede perpetuar desigualdades, afectar empleos o violar la privacidad.

◼ Principales desafíos éticos en IA:

◼ Sesgo algorítmico:
- Si un modelo aprende de datos históricos con desigualdades, las repetirá.
- 📌 Ejemplo: Un sistema de préstamos que discrimina por raza o género sin intención.

◼ Privacidad y vigilancia:
- Muchas IA recopilan grandes cantidades de datos personales sin consentimiento claro.
- 📌 Ejemplo: Aplicaciones de reconocimiento facial utilizadas para vigilancia sin aprobación de los ciudadanos.

◼ Impacto en el empleo:
- La automatización puede reemplazar trabajos humanos, desplazando a millones de personas.
- 📌 Ejemplo: IA en fábricas que sustituye empleados sin programas de reconversión laboral.

📌 Regulaciones y leyes en IA

⬤ Unión Europea: Reglamento de IA que prohíbe ciertos usos de alto riesgo, como el reconocimiento facial sin consentimiento.

◼ Estados Unidos: Leyes estatales sobre privacidad y transparencia en IA.

◼ China: Uso estricto de IA en vigilancia masiva y censura.

💡 **Ejercicio**: Investiga cómo afecta la regulación de IA en tu país.

6.4. 👤 El Futuro de la IA en la Industria

📌 **Tendencias actuales en IA:**

⬛ IA generativa: Modelos como ChatGPT y DALL·E permiten generar texto, imágenes y código con calidad humana.
⬛ Modelos multimodales: Sistemas como GPT-4 combinan texto, imágenes y audio en una única IA.
⬛ IA descentralizada: Se están explorando formas de reducir la dependencia de servidores centralizados, haciendo que la IA sea más privada y segura.

📌 **¿Cómo cambiará la IA en los próximos años?**

⬛ Más regulación: Las leyes serán más estrictas para evitar abusos.
⬛ Mayor integración en la vida cotidiana: Desde asistentes personales hasta IA en la medicina.
⬛ Avances en IA general: Se investigará cómo crear IA que razone y aprenda por sí misma sin entrenamiento específico.

💡 **Ejercicio: Escribe un ensayo sobre cómo crees que evolucionará la IA en los próximos 10 años.**

📌 Resumen del Capítulo
⬛ Aprendimos la importancia de la explicabilidad en IA y cómo hacer modelos más transparentes.
⬛ Descubrimos los riesgos de seguridad y cómo proteger los modelos contra ataques.
⬛ Exploramos los aspectos éticos y legales que afectan el desarrollo de la IA.
⬛ Analizamos el futuro de la IA y su impacto en la sociedad.

📌 Test Final: Pon a prueba tus conocimientos

Responde las siguientes preguntas eligiendo la opción correcta. Las respuestas se encuentran al final del libro.

◆ Sección 1: Fundamentos de Machine Learning

■ ¿Qué técnica se usa para reducir la dimensionalidad de los datos sin perder demasiada información?
a) Regularización L1
b) One-Hot Encoding
c) PCA (Análisis de Componentes Principales)
d) Cross Validation

■ ¿Cuál de las siguientes afirmaciones sobre Random Forest es cierta?
a) Es un único árbol de decisión mejorado
b) Combina múltiples árboles de decisión para mejorar la precisión
c) No puede manejar datos con valores faltantes
d) Solo funciona con problemas de clasificación

■ ¿Cuál de los siguientes es un algoritmo de aprendizaje supervisado?
a) K-Means
b) DBSCAN
c) Regresión Logística
d) Aprendizaje por Refuerzo

◆ Sección 2: Modelos Avanzados de Machine Learning

■ ¿Qué tipo de problemas puede resolver Support Vector Machines (SVM)?

a) Solo clasificación
b) Solo regresión
c) Tanto clasificación como regresión
d) Ninguna de las anteriores

■ Gradient Boosting mejora el rendimiento de los modelos al:

a) Crear árboles de decisión en paralelo
b) Entrenar modelos de manera secuencial, corrigiendo errores previos
c) Aplicar regularización L2 a los árboles de decisión
d) Utilizar técnicas de clustering para mejorar la predicción

■ ¿Cuál es la principal ventaja de los algoritmos de ensamble como Random Forest y XGBoost?

a) Funcionan mejor con datos no estructurados
b) Se entrenan más rápido que una regresión lineal
c) Reducen el sobreajuste combinando múltiples modelos
d) No requieren ajuste de hiperparámetros

◆ Sección 3: Redes Neuronales Avanzadas

■ ¿Cuál es la principal diferencia entre una red neuronal densa (DNN) y una CNN?

a) Las DNN trabajan con imágenes y las CNN con datos tabulares
b) Las CNN usan capas convolucionales para detectar patrones espaciales
c) Las DNN usan menos neuronas que las CNN
d) Las CNN solo sirven para visión artificial

■ ¿Qué problema resuelve Batch Normalization en redes neuronales?
a) Reduce el sobreajuste en modelos grandes
b) Acelera el entrenamiento y estabiliza la activación de las neuronas
c) Reemplaza la función de activación ReLU
d) Disminuye la cantidad de capas en una red neuronal

■ ¿Qué ventaja tienen las Redes LSTM sobre las RNN tradicionales?
a) Pueden recordar información por períodos más largos
b) Son más rápidas de entrenar
c) No sufren de sobreajuste
d) Solo se pueden usar para traducción automática

◆ Sección 4: Procesamiento de Lenguaje Natural (NLP)
■ ¿Qué técnica de NLP se usa para convertir palabras en vectores numéricos?
a) Tokenización
b) Word Embeddings (Word2Vec, GloVe)
c) Stemming
d) One-Hot Encoding

■■ ¿Cuál es la ventaja principal de Transformers como BERT sobre las RNN en NLP?
a) Procesan secuencias en paralelo y entienden el contexto en ambas direcciones
b) Son más fáciles de interpretar que las RNN
c) Utilizan menos parámetros y requieren menos datos de entrenamiento
d) No necesitan embeddings para representar palabras

■■ ¿Cuál de estos modelos es más adecuado para análisis de sentimientos en texto?
a) K-Means
b) ResNet
c) BERT
d) DBSCAN

◆ Sección 5: Implementación y Optimización de Modelos
■■ ¿Por qué usar GPUs y TPUs en el entrenamiento de modelos?
a) Reducen la cantidad de datos necesarios para entrenar un modelo
b) Permiten entrenar modelos en paralelo, acelerando el proceso
c) Reemplazan la necesidad de preprocesar datos
d) Solo sirven para redes neuronales profundas

■■ ¿Qué es Transfer Learning y por qué es útil?
a) Un método para entrenar modelos desde cero sin datos
b) Técnica que permite reutilizar modelos preentrenados para nuevas tareas
c) Un tipo de regularización para reducir el sobreajuste
d) Proceso para hacer redes neuronales más pequeñas

■■ ¿Cuál de estas bibliotecas NO se usa comúnmente en IA y Machine Learning?
a) TensorFlow
b) Matplotlib
c) NumPy
d) Selenium

📌 Respuestas al Test Final

c
b
c

c
b
c

b
b
a

b
a
c

b
b
d

Apéndice: Recursos y Técnicas Avanzadas en IA

En este apéndice encontrarás herramientas, técnicas y estrategias que te ayudarán a mejorar tus modelos, acelerar entrenamientos y desplegar soluciones de IA en producción.

Guía práctica de preprocesamiento de datos

📌 ¿Por qué es importante el preprocesamiento?
Los modelos de Machine Learning solo son tan buenos como los datos con los que se entrenan. Datos desordenados, incompletos o mal escalados pueden afectar gravemente el rendimiento del modelo.

Resumen de técnicas clave:

Problema	Solución	Código en Python
Valores nulos en los datos	Rellenar con la media, mediana o eliminar filas	df.fillna(df.mean())
Datos no escalados	Normalizar o estandarizar	MinMaxScaler(), StandardScaler()
Datos categóricos	One-Hot Encoding, Label Encoding	pd.get_dummies(df), LabelEncoder()
Datos desbalanceados	SMOTE, Submuestreo, Sobremuestreo	SMOTE()

📌 Ejemplo en Python para manejar valores nulos y escalar datos:

```python
from sklearn.preprocessing import MinMaxScaler
import pandas as pd

df = pd.read_csv("datos.csv")

# Rellenar valores nulos con la media
df.fillna(df.mean(), inplace=True)

# Normalizar datos numéricos
scaler = MinMaxScaler()
df_scaled = scaler.fit_transform(df)
```

💡 Consejo: Antes de entrenar un modelo, revisa siempre la calidad de los datos con **df.info()** y **df.describe().**

◼ Comparación de Modelos de Machine Learning

📌 **¿Qué modelo elegir según el problema?**

Cada modelo tiene ventajas y desventajas según el tipo de datos y la tarea que queremos resolver.

Modelo	Tipo de problema	Ventajas	Desventajas
Regresión Lineal	Predicción numérica	Fácil de interpretar	No maneja relaciones no lineales
Random Forest	Clasificación / Regresión	Robusto y preciso	Lento en datasets grandes
SVM	Clasificación	Bueno con datos pequeños	Sensible a hiperparáme-tros
XGBoost	Clasificación / Regresión	Excelente rendimiento en datos estructurados	Puede sobreajustarse
Redes Neuronales	Imágenes / Texto / Datos complejos	Muy flexibles y potentes	Requieren mucho cálculo y datos

💡 Consejo: Para empezar, prueba Random Forest en problemas tabulares y Redes Neuronales en imágenes y texto.

■ Optimización de Modelos: Guía rápida

📌 ¿Cómo encontrar los mejores hiperparámetros?

El ajuste de hiperparámetros puede mejorar significativamente el rendimiento de un modelo sin necesidad de más datos.

■ Técnicas principales:

Técnica	Cómo funciona	Código en Python
Grid Search	Prueba todas las combinaciones de hiperparámetros	GridSearchCV()
Random Search	Prueba combinaciones aleatorias	RandomizedSearchCV()
Bayesian Optimization	Encuentra la mejor combinación iterativamente	BayesSearchCV()

📌 Ejemplo en Python con Grid Search:

```
ffrom sklearn.model_selection import GridSearchCV
from sklearn.ensemble import RandomForestClassifier

param_grid = {'n_estimators': [100, 200], 'max_depth': [5, 10]}
modelo    =    GridSearchCV(RandomForestClassifier(),
param_grid, cv=5)
modelo.fit(X_train, y_train)

print("Mejores parámetros:", modelo.best_params_)
```

💡 **Consejo**: Si tienes poco tiempo o muchos hiperparámetros, usa Random Search o Bayesian Optimization en lugar de Grid Search.

◼ Trabajando con GPUs y TPUs

📌 ¿Por qué usar aceleración por hardware?

Las GPUs y TPUs permiten entrenar modelos más rápido porque procesan cálculos en paralelo.

◼ Comparación entre CPU, GPU y TPU:

Hardware	Ventajas	Uso principal
CPU	Barata, versátil	Procesamiento general
GPU	Muy rápida en paralelización	Machine Learning, Visión Artificial
TPU	Optimizada para TensorFlow	Modelos de IA en la nube

📌 Cómo verificar si hay una GPU disponible en TensorFlow:

```
import tensorflow as tf
print("¿GPU                    disponible?",
tf.config.list_physical_devices('GPU'))
```

💡 Consejo: Usa Google Colab si no tienes una GPU, ya que permite entrenar modelos gratis con aceleración por hardware.

■ Guía rápida de herramientas para despliegue de IA

📌 ¿Cómo hacer accesible un modelo de IA en producción?

Después de entrenar un modelo, podemos desplegarlo para que otros puedan usarlo a través de una API REST.

■ Comparación de plataformas de despliegue:

Plataforma	Ventajas	Casos de uso
Google Cloud AI	Integración con TensorFlow	Modelos en la nube
AWS SageMaker	Seguridad y escalabilidad	Modelos empresariales
Hugging Face Spaces	Fácil despliegue gratuito	Modelos de NLP

📌 Ejemplo de despliegue con FastAPI:

```python
from fastapi import FastAPI
import joblib

# Cargar modelo previamente entrenado
modelo = joblib.load("modelo.pkl")
app = FastAPI()

@app.post("/predecir/")
def predecir(texto: str):
    prediccion = modelo.predict([texto])
    return {"predicción": prediccion[0]}
```

♟ Consejo: Si quieres un despliegue rápido y gratuito, usa Hugging Face Spaces.

■ Caso de Estudio: Clasificación de Opiniones de Clientes con NLP

📌 Objetivo del caso de estudio

En este caso de estudio, veremos cómo aplicar Procesamiento de Lenguaje Natural (NLP) para clasificar opiniones de clientes en positivas o negativas. Este tipo de análisis se usa ampliamente en empresas, tiendas en línea y redes sociales para evaluar la satisfacción de los clientes y mejorar sus productos o servicios.

■ El Problema: ¿Cómo interpretar los comentarios de los clientes?

Las empresas reciben miles de opiniones de sus clientes en plataformas como Amazon, TripAdvisor o Google Reviews. Revisar manualmente estos comentarios es ineficiente, por lo que necesitamos un sistema de análisis de sentimientos automatizado.

■ Ejemplo de opiniones reales:

Opinión del Cliente	¿Es positiva o negativa?
El producto llegó rápido y en buen estado, me encantó.	■ Positiva
El servicio fue terrible, me hicieron esperar 40 minutos.	✖ Negativa
Es un buen teléfono, pero la batería no dura mucho.	Neutra / Mixta

♟ Reto: Podemos entrenar un modelo de Machine Learning para clasificar automáticamente estos comentarios en positivos o negativos y analizar la satisfacción general de los clientes.

◼ Recopilación y Preprocesamiento de Datos

Para entrenar nuestro modelo, usaremos un dataset de reseñas de productos. Un dataset comúnmente utilizado es el de Amazon Reviews o IMDB Reviews (opiniones de películas).

📌 **Pasos para preprocesar los datos:**

◼ Eliminar caracteres especiales y emojis que puedan afectar el análisis.

◼ Convertir todo a minúsculas para evitar diferencias entre "Buen" y "buen".

◼ Eliminar palabras irrelevantes (stopwords como "el", "de", "que").

◼ Tokenizar y convertir palabras en vectores para que el modelo las entienda.

📌 **Código en Python para preprocesar las opiniones:**

```python
import pandas as pd
import re
import nltk
from nltk.corpus import stopwords
from sklearn.model_selection import train_test_split

# Descargar stopwords en español
nltk.download('stopwords')

# Cargar dataset (Ejemplo con Amazon Reviews)
df = pd.read_csv("amazon_reviews.csv")
```

- sigue en la siguiente página...

*continuación de código...

```python
 # Función de limpieza de texto
def limpiar_texto(texto):
 texto = texto.lower() # Convertir a minúsculas
 texto = re.sub(r'\W', ' ', texto) # Eliminar caracteres
especiales
 texto = ' '.join([palabra for palabra in texto.split() if
palabra not in stopwords.words('spanish')])
 return texto

# Aplicar limpieza de texto
df["texto_limpio"] = df["review"].apply(limpiar_texto)

# Separar datos en entrenamiento y prueba
X_train, X_test, y_train, y_test =
train_test_split(df["texto_limpio"], df["sentimiento"],
test_size=0.2, random_state=42)
```

💡 **Consejo**: Para modelos más avanzados, podemos usar Word Embeddings (Word2Vec, GloVe) o Transformers en lugar de tokenización simple.

⬛ Entrenamiento del Modelo de Machine Learning

Para clasificar los comentarios, probaremos dos enfoques:

⬛ Naive Bayes (modelo clásico de NLP).
⬛ BERT (modelo avanzado basado en Transformers).

📌 Entrenar un modelo simple con Naive Bayes:

```python
from         sklearn.feature_extraction.text        import
CountVectorizer
from sklearn.naive_bayes import MultinomialNB
from sklearn.pipeline import make_pipeline
from sklearn.metrics import accuracy_score

# Convertir texto en vectores numéricos
vectorizer = CountVectorizer()
X_train_vect = vectorizer.fit_transform(X_train)
X_test_vect = vectorizer.transform(X_test)

# Entrenar el modelo
modelo_nb = MultinomialNB()
modelo_nb.fit(X_train_vect, y_train)

# Evaluar el modelo
y_pred = modelo_nb.predict(X_test_vect)
print("Precisión:", accuracy_score(y_test, y_pred))
```

⬛ Resultados esperados:
⬛ Naive Bayes suele alcanzar entre un 80-85% de precisión en este tipo de problemas.

■ Comparación con un Modelo Avanzado: BERT

Si queremos mejorar la precisión, podemos usar BERT (Bidirectional Encoder Representations from Transformers), un modelo de NLP avanzado que entiende mejor el contexto de las palabras.

📌 **Entrenar un modelo con BERT usando Hugging Face:**

```python
from transformers import pipeline

# Cargar modelo preentrenado de análisis de sentimientos
modelo_bert = pipeline("sentiment-analysis")

# Probar el modelo con ejemplos reales
print(modelo_bert("Me encantó el producto, muy buena calidad."))
print(modelo_bert("El servicio fue lento y me cobraron de más."))
```

■ Comparación de Resultados:

Modelo	Precisión Esperada
Naive Bayes	80-85%
BERT (Transformers)	90-95%

💡 Conclusión: BERT obtiene mejor precisión porque entiende el significado completo de una oración, mientras que Naive Bayes solo cuenta la frecuencia de palabras.

⬛ Desplegar el Modelo en Producción con una API REST

Una vez que tenemos un modelo entrenado, podemos hacer que otros sistemas lo usen mediante una API REST con FastAPI.

📌 **Código para desplegar el modelo como una API:**

```
from fastapi import FastAPI
import joblib

# Cargar el modelo entrenado
modelo = joblib.load("modelo_sentimiento.pkl")
app = FastAPI()

@app.post("/predecir/")
def predecir(texto: str):
    prediccion = modelo.predict([texto])
    return {"predicción": prediccion[0]}
```

⬛ Ahora cualquier aplicación puede enviar un texto a esta API y recibir su clasificación (positivo o negativo).

⬛ Conclusiones y Aplicaciones Reales

📌 **¿Dónde se usa esta tecnología?**

🚀 Empresas como Amazon, Netflix y Twitter ya utilizan modelos de NLP para analizar opiniones y personalizar recomendaciones.

⬛ **Ejemplo de aplicación real:**

⬛ Empresas de e-commerce analizan reseñas para mejorar productos.

⬛ Bancos monitorean redes sociales para detectar fraudes o quejas de clientes.

■ Hospitales usan NLP para analizar comentarios sobre calidad del servicio.

📌 ¿Qué hemos aprendido en este caso de estudio?
■ Cómo preprocesar texto para Machine Learning.
■ Cómo entrenar modelos de NLP para análisis de sentimientos.
■ Diferencias entre modelos clásicos (Naive Bayes) y avanzados (BERT).
■ Cómo desplegar el modelo en producción con una API REST.

💡 ¿Y ahora qué?
Puedes seguir mejorando tu modelo probando nuevas técnicas como LSTMs, Transformers o Fine-tuning de BERT en datasets más grandes.

📖 Glosario de Términos en IA Nivel Intermedio

◆   Overfitting (Sobreajuste): Cuando un modelo se adapta demasiado a los datos de entrenamiento y no generaliza bien en datos nuevos.

◆   Dropout: Técnica de regularización para redes neuronales que apaga aleatoriamente algunas neuronas durante el entrenamiento.

◆   Word Embeddings: Representación densa de palabras en un espacio vectorial (ej. Word2Vec, GloVe).

◆   Batch Normalization: Método para normalizar los valores en cada capa de una red neuronal, acelerando el entrenamiento.

◆   Gradient Boosting: Técnica de ensamble que ajusta errores de modelos anteriores en cada iteración.

◆   Hyperparameter Tuning: Proceso de ajustar parámetros de un modelo para mejorar su rendimiento.

◆   Attention Mechanism: Técnica usada en Transformers para enfocarse en partes importantes de una secuencia.

◆   Grid Search vs. Random Search: Métodos de búsqueda de hiperparámetros óptimos.

◆   SHAP (SHapley Additive Explanations): Método para interpretar la importancia de las características en una predicción.

◆   Fine-tuning: Ajustar un modelo preentrenado en un nuevo conjunto de datos para una tarea específica.

◆   TensorFlow y Keras: Para construir y entrenar redes neuronales.

◆   Scikit-learn: Para Machine Learning clásico y preprocesamiento de datos.

◆   Pandas y NumPy: Para manipulación de datos y cálculos matemáticos.

◆   Matplotlib y Seaborn: Para visualización de datos.

◆   Hugging Face Transformers: Para NLP y modelos preentrenados.

◆   FastAPI y Flask: Para desplegar modelos como APIs.

🎉 ¡Felicidades! Has completado IA Nivel Intermedio

Has llegado al final del segundo libro de la serie IA desde Cero, donde has aprendido técnicas avanzadas de Machine Learning, Redes Neuronales, NLP y la implementación de modelos en producción.

Ahora tienes una base sólida para afrontar proyectos más complejos y comprender mejor el mundo de la Inteligencia Artificial.

¿Quieres seguir aprendiendo y llevar tus habilidades al siguiente nivel?

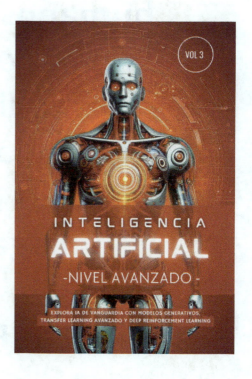

➡ **SOON** IA Nivel Avanzado – Volumen 3
En este tercer libro exploraremos arquitecturas avanzadas, incluyendo Transformers, Modelos Generativos (GANs), Reinforcement Learning, Transfer Learning avanzado y modelos multimodales.

📖 ¡Sigue avanzando y conviértete en un experto en IA!

"La inteligencia artificial no sustituirá a los humanos, pero los humanos que la utilicen reemplazarán a aquellos que no lo hagan."

– Kai-Fu Lee

🙏 ¡Tu Opinión es Muy Importante!

Gracias por haber leído "Inteligencia Artificial - Nivel Intermedio". Espero que este libro te haya sido útil para continuar tu camino en el mundo de la IA.

Si disfrutaste el contenido y te ayudó a aprender, te agradecería mucho que dejaras una reseña en Amazon. Tus comentarios no solo me ayudan a mejorar, sino que también permiten que más personas descubran este libro y se animen a aprender sobre Inteligencia Artificial.

✍ Dejar una reseña es muy fácil:

⬛ Ve a la página de Amazon donde compraste este libro.

⬛ Busca la sección de reseñas y haz clic en "Escribir una reseña".

⬛ Comparte tu opinión sincera sobre lo que más te gustó y en qué te ayudó.

Cada reseña, por pequeña que sea, hace una gran diferencia. 🎯✨

🚀 ¡Gracias por tu apoyo y feliz aprendizaje! 🚀

www.ingramcontent.com/pod-product-compliance
Lightning Source LLC
LaVergne TN
LVHW051644050326
832903LV00022B/882